てんてん哲学に出会う

怒りっぽいわたし、どうしたらいい?

目次

てんてん哲学に出会う …… 5
1 てんてんさんの悩み …… 6
2 対話してみよう …… 15
3 うまく考えるコツ …… 22
4 マイナス思考クイーン …… 24
5 ドロシーはかく語りき …… 37
6 天使さんの名前がほしい！ …… 44
7 「それは誰の気分？」 …… 51
8 声がする方へ …… 63
あとがき …… 74

てんてん哲学に出会う

1 てんてんさんの悩み

――てんてんさんには、ひょっとすると哲学の人なら答えてくれそうな悩みごとがあった。それはまるで果てのない悩みだった。だから、哲学の人と一度話してみたいものだと、かねてから思ってきた。そこでわたしはてんてんさんを、ある哲学研究者とお引き合わせすることにした。
いまふたりは、テーブルをはさんで向かい合い、座っている。淡い期待を胸に抱いて、てんてんさんは悩みを切り出した。

てんてん「わたし、とっても怒りっぽい人間なんです。そのせいで生きづらい思いをしています。どうしたらいいでしょう。怒りの感情とのうまいつき合い方が知りたいんです。」

――日差しがよく入る室内、テーブルにはわたしの淹れたコーヒーとお菓子が並ぶ。てんてんさんは手のひらサイズのノートとペンを握りしめている。哲学研究者のモリナガさんは、正直に困ったという感じを見せた。

モリナガ　「怒りの感情とのうまいつき合い方ですか。それはお悩みですね。はたしてどう考えたら……。
ひとまず、どんなときに怒ってしまうのか具体的に教えてください。抱えている問題の雰囲気を知りたいです。」
てんてん　「これまでわたしが怒ってきたことは仕事関係が多いのですが。」

――ちなみに、てんてんさんは漫画やエッセイの仕事をしている。

てんてん　「たとえば、仕事の依頼がきて引き受けたら、打ち合わせをしてるだけで全然先に進まなくて、必死に相手に合わせようとしてラフを描いたりしてみるのだけど、まったく依頼の趣旨がわからなくて、結局仕事にならなかったとき、わたしはとても腹を立てました。」
モリナガ　「それは、そうとう振り回されたんでしょうね。」
てんてん　「あとは、取材を申し込んできた人がわたしの作品をまったく読んでなくて、一から自分が何者なのかを説明しなければならなかったときも、やはりとても腹を立てました。」

モリナガ　「取材したいというからには、てんてんさんにもともと興味があるものだと当然思いますからね。ではちょっと方向を変えまして、仕事以外のシチュエーションも、できれば聞きたいです。」

てんてん　「それだと、こんなのが以前にありました。「痩せるエステ」というのを半額で受けられるとうたっているチラシを見て、実際に行ったらサウナみたいなのに入れられて汗をかかされただけで、最後に「30万円でもっと痩せられるコースがある」とその場で契約書を書かされそうになったのです。このときは相当にムカつきました。」

モリナガ　「よくありそうな悪い手口ですね。しかし信じて行って騙されたとなれば、僕だって怒りますもの。」

てんてん　「あとは、とっても仕事が忙しくてクタクタのとき、ひとつも家事が進んでいなかったので、家にいたパートナーに「わたしが忙しいんだからそれくらいやってよ」と言ったら「僕だって忙しいんだ」とゲームをしながら言われたときですね。」

モリナガ　「わあ、なるほど。この調子だとたくさん挙がりそうです。

挙げてもらったお話はどれも、てんてんさんの肩を持ちやすくて、経験すれば誰でも腹を立てそうなエピソードだと思いました。てんてんさんを怒らせるような場面が、不運にも日常のそこら中にあるというお悩みなのでしょうか。ということは、

怒らせることがたくさんある日常に問題があるんですかね。」

――モリナガさんはこのまとめ方に納得していない様子だ。

モリナガ　「いやでも、それだとおかしいな……。てんてんさんを生きづらくさせているのは怒りの感情であって、そのことでお悩みですものね？」

てんてん　「はい、そうなんですが。」

――てんてんさんはモリナガさんの言いたいことを測りかねている。

モリナガ　「てんてんさんの生きづらさを象徴するような怒りのエピソードがあったりすると、こちらはだいぶ話がわかってくるんですけど。たとえば、怒りがコントロールできなかったとか、理不尽に怒ってしまったとか。」

てんてん　「あ、そうか。はい、あります。売れてる人を見ると、どんな人でもムカっとするというのがあります。」

モリナガ　「えぇ?!」

―― モリナガさんが固まった。

てんてん　「あと、ベストセラーが出せないと人から認めてもらえないと思っていて、ヒット作を出さないと認めてもらえないので、死にたくなるというのもあります。」

モリナガ　「ええええ……。急な。」

てんてん　「それから、SNSをやってるのですが、いつもチェックをしていて、自分のフォロワーが少ないので、ああ、わたしはダメ人間だなと思うのです。」

モリナガ　「うーん、なんて言えばいいんでしょう。ずいぶん極端ですねえ。」

―― 驚いた、てんてんさんがいきなりフルスロットルで。

てんてん　「でもそう思ってしまうんです。同じようなことですが、売れている人と自分を比べては、自分にはファンがいないのでダメ作家だと思うときがあります。」

モリナガ　「ダメ作家……。」

てんてん　「あと、これもやっぱり仕事のことですが、自分が担当していた仕事が終了になると言われて、「会社員は毎月の収入が安定してるから、フリーにとって仕事が終わる、イコール、収入が無くなるってことがわかってない。気楽でいいよな」などと思ってしまいます。」

モリナガ　「ああ、それは完璧な八つ当たりにみえますけど……。」

——モリナガさんが振り落とされまいと必死だ。なんだか息継ぎしたくなる。

モリナガ　「ただそういうのって、たんにときどきひどく落ち込んでしまうこととはちがうんでしょうか？　描いた作品の売れ行きに生活がかかっているのでしたら、他人の生活と自分の生活をくらべてしまい、それで気分が沈む日もあるでしょう。それならば理解できるんです。どこが怒りと関係するんでしょうか？」

——さすが、冷静に頑張ってる、モリナガさん。

てんてん　「いいえ、どの場合もわたし怒っているんです。わたしが自分をダメ人間だと思っているときって、わたしの中には怒りが湧いているんです。」

モリナガ　「あ、そういうことなんですね。」

てんてん　「たとえば、他にも、去年までは体重が増えると死にたくなるというのがありました。わたしはかつてダイエットをして十キロ以上体重を落としました。太っていた頃のわたしはマイナス思考の塊そのものだったので、体重が増えるとまた暗くてつらかった自分に戻ってしまうのでは？という恐怖心がありました。」

モリナガ　「うん、うん。」

――「昔はもっとつらかった」……。それにしても、何か悩みの底が深い。見えないことだらけ。

てんてん　「それで少しでも体重が増えると怒りがでて死にたくなって、周りに当たり散らすのです。いまは、ジムに通うことでそれは解決しました。ジムのインストラクターに体重は関係なくて体温を上げるのが重要で、筋肉をつけるより身体のめぐりをよくすることが大事だと教えられて、いまはそのようにしてます。」

モリナガ　「うん。」

――てんてんさんは悩みを話すことにまるで飢えているかのようだった。理にかなった正当な怒りと、理にかなわない怒り。どちらもそれなりの数が挙がった。しまいにモリナガさんは、無機質に頷くばっかりになっていた。ここまでの話からどういう切り口で話を進めるのだろう。こんな感情の問題なんだから、哲学なんかでどうにかできるものなんだろうか?　いや、こうしてふたりを引き合わせたのは自分だ。それはもちろん、わかっているけど。

2 対話してみよう

――モリナガさんの眉間にはしわが寄り、コーヒーカップは空。おかわりを入れてあげよう。

モリナガ「……よし。じゃあいまから、何が問題の根底にあるのかを明確にしていきましょうね。あとから考えるための道具をいくつか導入します。この話し合いのゴールですが、もちろん、その悩み事を解消してしまうことです。答えをみつけるのは、てんてんさん自身ですよ。」

てんてん「はい、わかっています。」

――こうして見るとてんてんさんは、まるで悩みなんてなさそうに平然とした様子だ。この表情と相談している内容のギャップに、悩みの果てが垣間見えるようだ。胸騒ぐ。

モリナガ「ところで、哲学というのはふつう、たとえ個人的な問題であっても、これを一般化して考える方法を取るんです。それから、議論の応酬によって核心を探し出すという手法に特化しています。まあ、この場では議論の応酬というよりも、ソフトに

「対話」とよぶ方が適切かもしれないです。この対話でも、てんてんさん自身の怒りの対処法が第一の問題点ですが、それをみんなの問題とみなしたうえで、一般的にどうするのがよいのかを考えてみます。強調したいのは、あくまでも対話ですから、ひとりで悩むものとはちがいます。対話は、能動的な共同作業なんですよ。僕との共同作業です。」

てんてん　「へえ！

みんなの問題として一緒に考える作業というのは、まったく予想してませんでした。わたしはいままで、悩みを個人的に考えてきて、たまに相談するというやり方で解決しようとしてきたんですよ。自分が抱えている問題なので。」

――ここでてんてんさんは、やや考えている様子だ。

てんてん　「わたしの問題をみんなの問題として一般化するということは考えたことがなかったので、それができるようになるとわたしの作品の描き方も変わってくるかもしれない。」

モリナガ　「それはよかった。じゃあやっていきましょう。

まず、こちらはいまだ充分に問題が呑み込めていません。伺っている限りですと、対人関係の問題につながる気はします。たとえば、一般に他人がどういう存在なのか、とか、なんで他人は思ったとおりに動いてくれないのか、とか、そもそも他人は自分とどういう点でちがうのか、とか。たしかに怒りっぽさの話から飛んでしまいますが、怒りを自己表現の一種と考えてみてください。そうすると、過剰に怒ってしまうというのは、他人に向けた自己表現の課題です。ですから、てんてんさんの他人との接し方に、いろいろ課題が隠れていそうなのですが。」

てんてん　「そうなんです！　わたしは他人との関わり方がよくわからないんです。なのでいつも不安なんです。不安だから、自分が思ってたのとちがうことをされると怒るのかもしれません。」

モリナガ　「ああ、なるほど。よかった。すこしだけ問題に手がつけやすくなってきました。てんてんさんは人前で不安になりすぎて、相手の出方を読みすぎちゃうんですね。でも、他人が予想外のことをするなんてもう当たり前のことですから、それでいつも不安が消えなくて、怒りとして現れてしまう。それが怒りっぽさということなんですね。」

てんてん　「はい、実際ですね、わたしは相手をいかに不愉快にさせないでその場を乗りきれるか？を考えるとパニックになって何も言えなくなります。いままでのわたしの人生、そういうことが多かったかもしれません。」

――悩みのかたちを知ろうとするモリナガさんと、これに触発されたてんてんさん。てんてんさんが、とつとつと自分の心を分析している。怒りっぽさの原因に対する、てんてんさんなりの見方だ。

てんてん　「あと、さっきも言いましたけど、わたしは人一倍ＳＮＳのフォロワー数や「いいね！」の数を気にします。フォロワー数が減るのを見ると急にお腹が痛くなって「もうダメだ」って苦しくなってしまうんです。もちろん、頭では「ＳＮＳでフォロワー数が多いから人気があるわけじゃない」というのはわかってます。それなのに自分がこんな風になるのはなんでかなあ？と考えてみたこともあります。ＳＮＳというのは人と人とのやりとりなわけで、ＳＮＳで人気がある、イコール、人と人とのコミュニケーションがちゃんとできてる人だと思うのです。でもわたしはそれができていないので、ムカッとするのかなと思いました。」

モリナガ　「う～ん。」

――怒りのエピソードが、今度は人前で感じる不安のエピソードとして語り直されていく。怒りが表で、不安がその裏になっていそう。

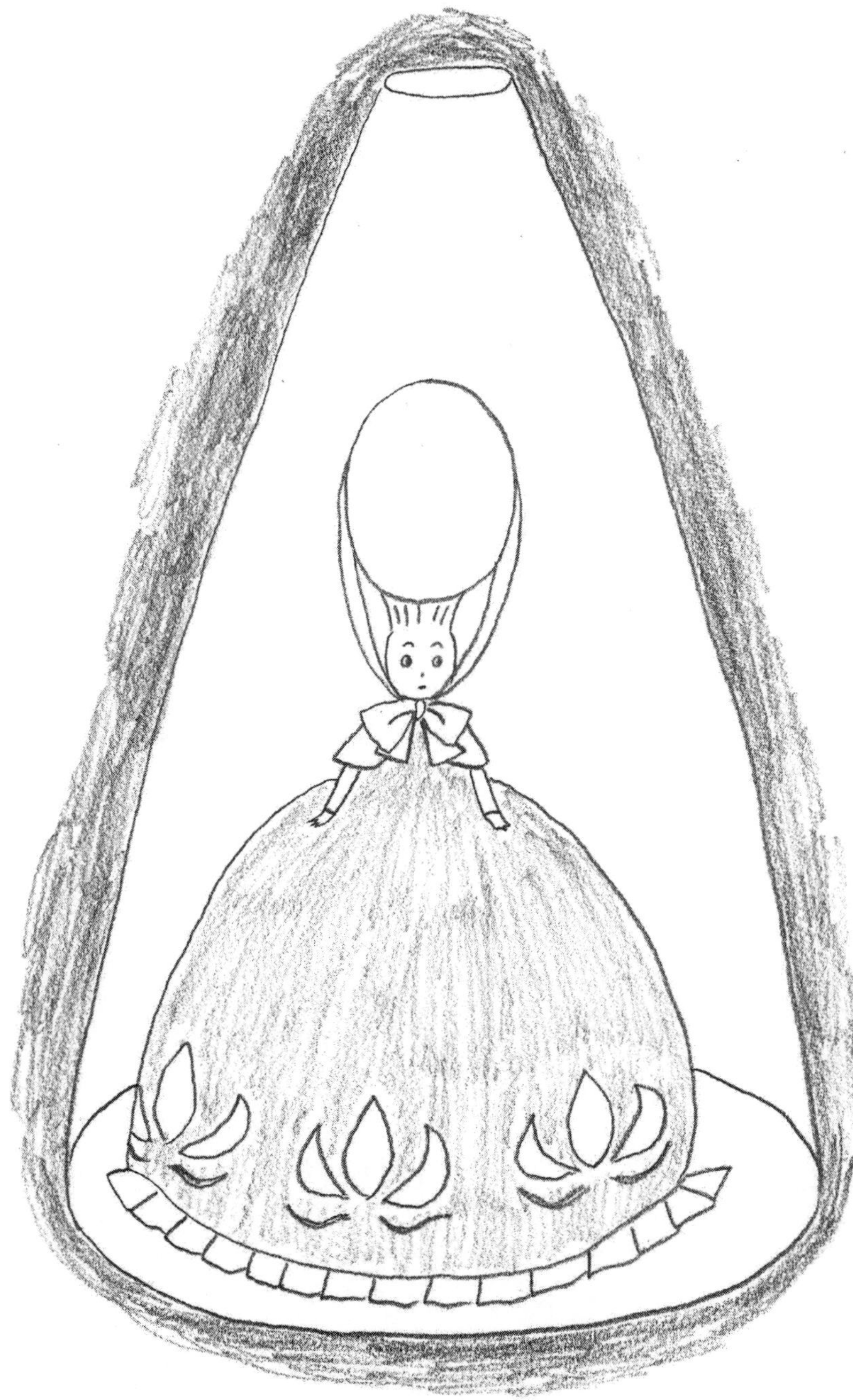

モリナガ　「ちょっとずつわかってきました。人との関わり方というのが大きな問題として浮上してきましたね。きっと、もっと大きな問題が出てくる気もします。つまり、じゃあてんてんさんにとって、自分とは何者なのか、という疑問です。こうありたい自分ってどんなもの？　それに比べて現実の自分はどう？」

てんてん　「ええと。」

モリナガ　「こういう疑問とつながる理由は、けっこう素朴です。一般的に他人とどう接したらいいかがよくわからないときって、自分がどういう存在なのかが不透明になっているときでもあるからです。そんなわけで、この対話が進むにつれて、自分がいったい何者なのか、そして何者でありたいのか、という問題がいま以上に自覚されてくるかもしれませんよ。」

てんてん　「たしかに、それは大きな問題かもしれないです。初対面の人と会ったときに自分を出したら怒られるんじゃないか？という気持ちがあるのです。仕事ではじめて会った方にも何を話していいのかわからないのでニコニコ相槌を打ってたら、「作品に描かれてる人と印象が随分ちがいますねぇ」と言われました。自分を出してしまったら怒られるのではないか？という恐怖心みたいなのがあるんだと思います。だから、うまく自分を出せないので、もどかしいのです。それで、いつまでたっても自分に自信がもてないのかな？という気もします。」

モリナガ　「あ、いま言った「自分を出す」も見過ごせない話題ですね。ここまでをまとめると、他人との関わり方とそれによって輪郭づけられる自分のあり方、これらにまつわる不透明さが、怒りっぽさの裏側にあるのでしょう。」

――てんてんさんの中で黒々とうごめいてきたものが、明るいテーブルのうえにスルスルと引き出されてきた。ふたりはそれをしげしげと覗き込んでいる。不思議な光景だ。

3 うまく考えるコツ

モリナガ　「さて、このタイミングで、うまく考えるための小さなコツをいくつか紹介したいと思います。」

てんてん　「それは興味があります。」

モリナガ　「一つ目です。難しい問題をそのまま考えるのではなく、できるだけ細かく砕いて、簡単なところから考えましょう。難しい問いは、細かな部分から考える方が効果的に解けるものです。簡単なところを順々に解決していって、しまいに最初にあった問題が解けるというプロセスをたどりましょう。

二つ目。できるだけ核心を突く。いろんな問題が群れをなして襲ってくると見えるとき、だいたい核心となる問題と、そうでもない問題とがあります。そして、悩みの根っこ、核心がどこにあるのかを探り当てたら、他のことはともかくその解決に集中するのです。

三つ目。主題を忘れない。考えている間、いつなんどきも、自分が何のことを考えているかを見失わない。考えがあさっての方向に進んでいくのは、よくありがちなことです。でも、そうすると問題の解決とは結びつかないことになってしまい、残念な結果になるのです。」

――「意識的に考える」って言うけど、それは、こういう中身の考え事なのかな。

モリナガ　「この三つをちょっと意識して、考えるようにしてみてほしいです。」

てんてん　「へぇえ。

なんか……モリナガ先生の言葉を聞いて思わず「へぇえ」と。そうやって考えていくといいんですね。」

――モリナガさんはいきなり「先生」と呼ばれて、こそばゆそうにしている。あはは。

4 マイナス思考クィーン

モリナガ　「それじゃあ、これまでのやりとりで見えてきたことに即して、僕なりの観点から言えることをお話しします。
　ここまでのお話にあった対人関係の悩みに対して、なんとかして自分を変えなければいけないという方向で応じることは、僕にはぜんぜん必要のないことの気がします。他人のネガティブな反応が怖いのは分かります。それから、他人に対して常識ではどう応じるのが正解なのかを悩む気持ちもわかります。しかし僕だったら、こういうことの一切が悩みに思われなくなるためにどうしたらいいかを考えます。」

てんてん　「そういうものなのでしょうか。」

モリナガ　「ええ。たとえばSNSのことなども、売れている人と自分を数で比べてしまうんでしたね。ですが、「あの人はあの人、わたしはわたしだ」と考えればいいじゃないですか。「あの人はすばらしいけれども、わたしだってこんなにすばらしい」と。十分いいところ、てんてんさんにだってたくさんありますよね。それを自分で認めてしまえないのでしょうか。」

――てんてんさんはともかく耳を傾けている。

モリナガ　「そういうわけで、いまの悩みに応えて、自分の交際方法をポジティブな方向へシフトさせようとがんばるのをやめてはどうでしょうか。なぜだか知らないですが、てんてんさんは他人に対して萎縮してしまって、心理的に無理のないやり方で自分を出すことができなくなっているようです。さっきまでの話を受けると、どうやら、核心となる問題が「自分を出す」ことのようです。それは、僕の見るところ、「いまのわたし、これでいい」と認めることとも関係します。」

――てんてんさんは、両手をテーブルに置いて身を乗り出して聞いている。

モリナガ　「さて、てんてんさんが自分を出すためのカギを、ここで大胆に予想してみます。それは、「安定しててんてんさんのことを肯定してくれる他人の目線に気づけるかどうか」です。」

――この予想が大胆すぎるのか、わたしには話の方向がよくわからない。一方のてんてんさんは、モリナガさんの言葉をひろってすぐに反応した。

てんてん　「あ、わたしのことを安定して肯定してくれてる人なら何人かいます。わたしの家族、毎日メールのやり取りをしてる友人。あと、何人かの編集者さんです。この人たちがいるから、なんとかやっていられるんだと思ってます。その人たちの前でわたしは自分を出せていると思います。そして「そのままでいいよ」といつも言ってくれます。で、わたしひとりがこのままじゃダメなんじゃないかと思ってる感じです。」

モリナガ　「やはり「あなたはそれでいい」と言ってくれる人たちがてんてんさんの周りにいますよね。では、もしもてんてんさんに変わったところがあるとすれば、この辺りにあるかもしれないです。」

てんてん　「ええ？　そうなんですか？」

モリナガ　「はい。多くの人は、「あなたはそれでいい」と言って聞かせてくれる他人のイメージを、自分の内側に持っているはずです。ちょっと不思議な言い方に聞こえるかもしれませんけど。つまり、その人は自分自身のことを肯定してあげられるのです。よほどつらいときを除けば、自分の中の話し合いだけで、心のバランスを保てるんです。その一方で、てんてんさんのように、「あなたはそれでいい」と自分以外の誰かに言ってもらわないといけない人もいます。そういう人は、自分に優しくしてあげられないのです。」

――わかった。てんてんさんの本当の問題は怒りじゃなくて、その背後にある不安だ。たぶんモリナガさんは、もうそういうつもりで話を進めようとしている。これはすでに、てんてんさんの不安を解消する方向の話だ。まだ言いたいことがこの先にあると、モリナガさんが合図を送った。

モリナガ「というわけで僕の予想ですが、ナチュラルに自分を出すことの関門のひとつが、家族や友人のように優しく励まして肯定してくれる他人を、てんてんさん自身の内に住まわせることです。要するに、自分で自分を優しく励ましてあげられるようになるってことです。どうやればそうなれるか？　ここが、一緒に考えていくうえで、大事なポイントになるのでは。」

てんてん「自分の中に自分を肯定してくれる他人を住まわせる……。ビックリしました。」

――いま、てんてんさんの表情が一番動いた。

てんてん「わたしはいままでの人生で自分の敵は自分自身だと思っていて、わたしの中には敵しか住んでないと思ってました。そもそも自分の中に住まわせられることのできる他人は、自分を怒りで支配するマイナス思考クィーンだけだと思ってました。」

――「マイナス思考クィーン」っていう名前が唐突に登場したけど。

モリナガ　「なんだか悲惨ですね。」

――正直すぎるよ、モリナガさん！

てんてん　「だからそのマイナス思考クィーンとどう向き合って、どううまくつきあっていけるか？が自分の人生のテーマで、それを克服することで幸せになれるんじゃないかと思ってきたんです。そしてそのマイナス思考クィーンをわたしに作らせたのは母親です。」

――どうやら、「マイナス思考クィーン」というのは、ネガティブの塊みたいなてんてんさんの自己イメージを指すみたいだ。

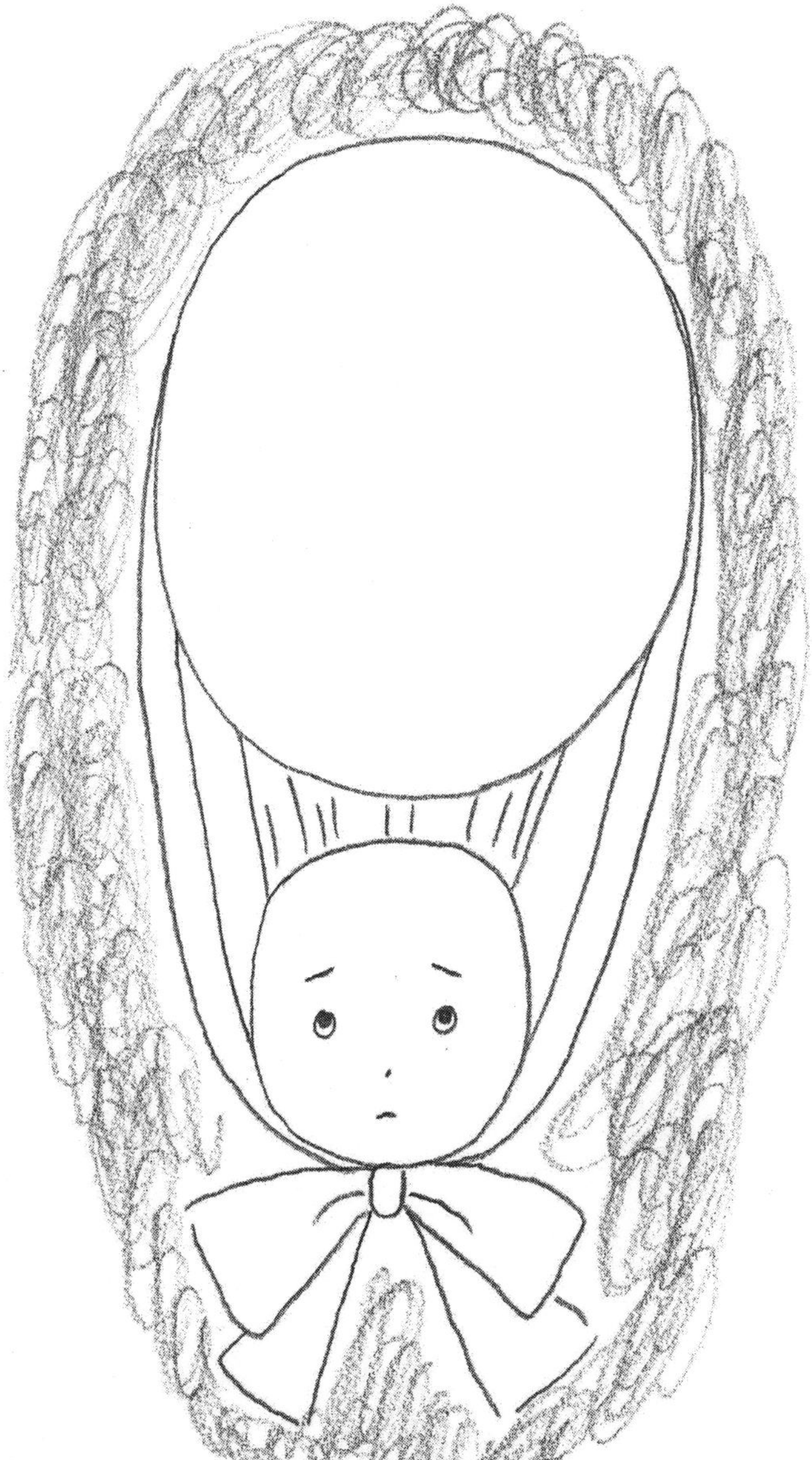

てんてん　「ここでわたしの根本をお伝えします。」

モリナガ　「はい、じゃあそれをお願いします。」

てんてん　「わたしはずっと自分が極端なマイナス思考で暗い性格でかなりひねくれた人間だと思っていて、現実にそうだったんですけど、去年ハッキリとそれは母親がわたしにそう植えつけたものだとわかりました。数年前にカウンセラーの信田さよ子さんが「母娘問題で悩んでいる人がたくさんいる」と発表してから、たくさん本が出たんですけど、そのときにわたしと母の関係も同じだったことに気づいたのです。ただそのときは、「わたしはカウンセラーにかかるほど重症じゃないし、わたしは母親のことが好きだし。自分のいまの生きづらさが母親由来なら、本当の自分はちっとも根暗じゃなかったんだ」と、逆に気づけてよかったと思ったんです。

ところが、母親がここまで自分を追い詰めていたと気づいたのが去年です。うちの母からは、「人生で楽しいことはひとつもない。だから人生に期待するな。人は他人の幸せをすぐねたむ。だから自分が楽しいという感情を表に出すな。人と接するときは自分の愚痴を言え。他人の悪口を言え。それが人生を生き抜く方法だ」と教わりました。そして「あなたは何もできないんだからできなくていい」と言われ続けました。母からしたらそれが愛情だったんだと思います。何もできないのが当たり前だったので、わたしは母親に褒められたことがありません。褒めたらこの子は喜びを感じてしまうのでダメになると思ったのかもしれません。」

――それが愛情だったとしたら、「愛情」ってなんなのだろう。ホントに気になる。

モリナガ 「いや……、過激な教育だなあ。その過激さを、これまで普通のこととして受け止めてきてしまったんですか。」

てんてん 「でもわたしは、わたしにだってできることがあるよと、必死でした。絵を描くことだけが取り柄なので、母親に褒められたくて絵を描いて、母親に認めてもらいたくて漫画家としてデビューしました。でも母親は喜んでも褒めてもくれませんでした。どうしたら母親を認めさせられるか？と考えたときに「ベストセラーを出すしかない」と思いました。それで必死にベストセラーを目指して動き続けてきて、ベストセラーを出すことができました。それでも母親は「そんなこととして目立ち過ぎると近所の目が怖い」と他人事でした。一度ベストセラーを出しただけじゃダメなのか、それじゃもう一度ベストセラーを出して、誰もが納得する大作家にならなくちゃいけないとジタバタしていたら、いつのまにか誰からも声がかからなくなって、仕事が無くなってしまいました。仕事が無くなったときに、自分の後ろから声が聞こえました。「ね、だから言ったでしょ。あなたは何もできないって。」母親の声でした。でも母親は五年前に亡くなってこの世には居ません。これがあって、わたしは母親に褒められたいという思いにしばられていたことに気づきました。わたしの根っこにはこういう母親の束縛と依存の関係があります。」

モリナガ　「なるほど、てんてんさんのお母さんがマイナス思考クィーンを作ったということですか。とても参考になりそうです。」

てんてん　「そんなわけなので、マイナス思考クィーン以外の誰か、自分を優しく励ましてくれる誰かを住まわせるなんてことは、もう全然考えたことが無かったです！　だけど、モリナガ先生の言葉を聞いて、そうか、そういうことをしてもいいのか！と。」

「やっと気づいたね。あなたは私のことを忘れていたけど、あなたの中に私はずっと居たよ。」

てんてん　「ええ?!」

――てんてんさんは、しばらく黙ってしまった。

てんてん　「もしかしたら、改めて住まわせなくても、ずっと自分の中に居たのかな？」

モリナガ　「あの、どうしたんでしょうか？」

てんてん　「ずっと居たよ、という声が聞こえたんです。」

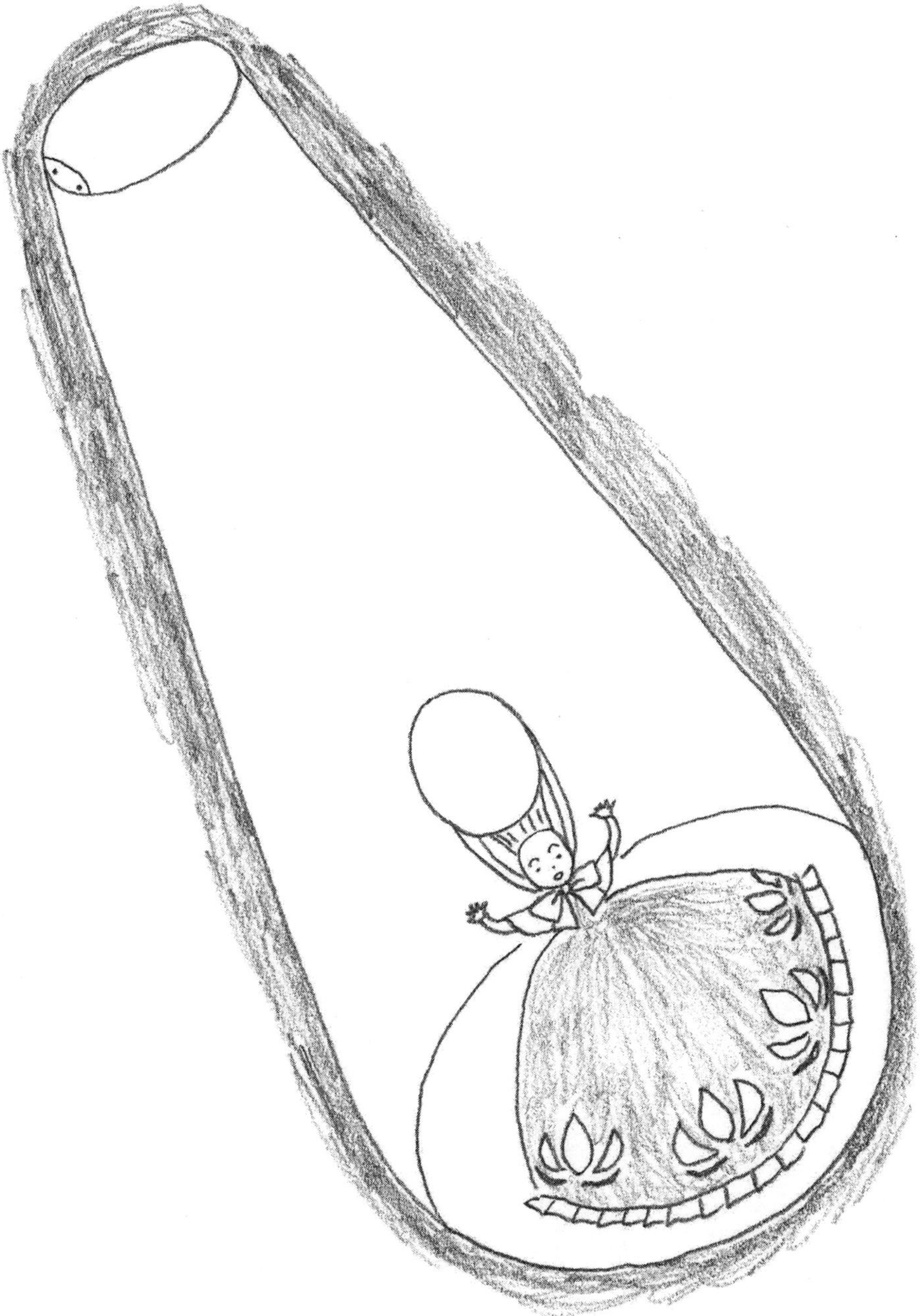

モリナガ　「は、はい？」

てんてん　「わたし、自分で勝手に作った居心地の悪い世界に自分自身を閉じ込めていたんだ。
　ここからは、自分を励ましてくれる天使側の他人とどうやって向き合っていくか、
　ということになるんでしょうか。」

モリナガ　「おお、なんだろう!?」

——いやホントに、なんなのだろう？
それからしばらく沈黙が続いて、モリナガさんがようやく口を開いた。

モリナガ　「ビックリしました。対話に戻すために話を整理します。
　えーと。てんてんさんには、いま周りに肯定してくれて、励ましてくれる複数の
　人がいるのでした。それなのに心の内側では、まだマイナス思考クィーンとなった
　お母さんと向き合っています。」

てんてん　「そういうことなんです。」

モリナガ　「ところがさっき、てんてんさんに何かがささやきましたね。ずっと居たよ、と。
　ひとまず、その声の主を「天使さん」と呼びましょうか。さっき、天使さんの声が
　聞こえました。」

てんてん　「はい。」

モリナガ　「これはてんてんさんにとって、自分を肯定できる自己イメージの発見だったのかもしれませんよ。ひとまずそう考えてみましょう。」

――そのままふたりは困った様子で向かい合っている。対話が錯綜してきた。いまのところわたしからは、状況がこんな風に見えている。ふたりが向かい合っているテーブルの中央には、マイナス思考クィーンがデン！と仁王立ちしている。また、テーブルの隅に目をやれば天使さんが影のように薄い姿で座っている。これがてんてんさんの心の世界だ。わたしの心の世界には、もっといろんな人がいる。みんながわたしの自己イメージだ。それぞれの立場から話し合いをしていて、わたしの心はにぎやかだ。

モリナガ　「てんてんさんの心の内側で、マイナス思考クィーンの支配する領域を狭めたいです。しまいには、そこを天使さんの支配する世界にしたくないですか？　天使さんの市民権をてんてんさんの中で与えてあげたいんです。そうすると、てんてんさんの自分自身の見方が変わると思うのですが、他人の見方も変わると思うんです。この方向から、てんてんさんが自分を出すための確実なルートが開けるのではないかと。」

――

そうだとしても、どういうやりようがあるというのだろう？　ともかく、まだモリナガさんはてんてんさんの悩みに順応することに精いっぱいで、解決への道を正しく見通せてはいないらしい。

5 ドロシーはかく語りき

――数日が経って、てんてんさんとモリナガさんは再会した。ふたりは同じテーブルで向かい合っている。

てんてん　「わたしの中にいると思われる天使さんの存在を大きくするにはどうしたらいいんでしょう。
あれからどうやって天使さんと仲良くできるか？と考えてるのですが、どうも……気がつくとマイナス思考クィーンがわたしの近くにいます。」

――てんてんさんの心の葛藤を小さく再現してみよう。こんな風らしい。

マイナス思考クィーン　「あの人うまく行ってうらやましいわよねえ。それにひきかえ、あなた、こんなんじゃこの先ダメなんじゃない？」

てんてん　「そんなことない!!」

・・・・

てんてん　「一度は「あ、自分にも励ましてくれる人がいた！」と気づいたのですが、その人の存在が遠くて、もう声が聞こえてこないんです。自分が落ち込んだり疲れたりしたときに、自分を励ましてくれる声を聞き取ることができなくて、マイナスの言葉が頭に入ってきます。」

モリナガ　「なるほど。ここは、「難しい問題は細かく砕いて簡単にする」というコツの出番だと思います。これまでの対話で、「ナチュラルに自分を出せるようになるために、いまのてんてんさん自身をそのまま認めてやろう」という目標を確認しました。いきなりそこをまっすぐに目指すのにはさすがに大変な目標です。そこで、小さな目標をたくさん立てて、少しずつクリアしながら進んでいきましょう！」

――そうだ、うまく考えるうえでの三つのコツ！　もう忘れそうになってたけど、いけないなあ。

モリナガ　「なにせマイナス思考クィーンは強力だし、マイナス思考クィーンの言うことにてんてんさん自身もよく聞き馴染んできました。要するに、マイナス思考クィーンと

会話することがてんてんさんの長年の習慣になっているんです。いまの状況は、ヘビースモーカーが禁煙しようとすることに似ていますよ。」

てんてん　「でも、どこがそうなんでしょうか？」

――ここでわたしはふたりに紅茶を運んだ。ビスケットも添えて、今日は英国風なの。そして、この日差し。最高のティータイムをどうぞ！

モリナガ　「いい香りですね。ありがとう。」

――どういたしまして。

モリナガ　「それで、てんてんさん。ヘビースモーカーというのは、タバコのない生活をほぼ忘れているせいで、タバコのない日々を想像できませんよね。これと似たようなことで、てんてんさんは、マイナス思考クィーンが大人しくして、しおらしくしている日々を想像できないかもしれないのです。それから、ヘビースモーカーはタバコが身体に悪いことを知っているんですけど、それがなくては生きていられない気になっているじゃないですか。これとも似ています。マイナス思考クィーンはナチュラルに自分を出すことを妨げる悪い女王なのです。にもかかわらず、てんてんさんは彼女がいないと生きられないような気がしているのです。実はてんてんさんの方がマイナス思考クィーンにしがみついている可能性があるということです。いままでてんてんさんの人格の核にマイナス思考クィーンがのさばって、てんてんさんの心を取り仕切ってきました。だから、奇妙かもしれませんが、マイナス思考クィーンが消えたあとに対する不安があるのかもしれません。要するに、天使さんの声が聞こえないことの原因が、てんてんさん自身にあるのかもしれないのです。急激な変化を求めずに、ぜひともゆっくり進みましょうよ。無理矢理タバコを断つ禁煙のようではなく、ゆっくり確実に進めば、きっと目標にたどり着きます。」

――モリナガさんは、励ますように語る。

てんてん「うーん、そういうことですか。わたしはどうしたらいいんだろう。」

モリナガ「そこで、まずはマイナス思考クィーンの声のボリュームを下げて、天使さんの言うことが聞こえるようになる方法を考えましょう。敵を知ることはとても大事だと思います。マイナス思考クィーンの言うことに対して、逆に質問できますか？「なぜそんな風に思っちゃうのかしら？」と。

ここで参考にしてほしいことがあって、『オズの魔法使い』という映画を知っていますか？　東の悪い魔女の国にやってきてしまったドロシーという女の子が、藁のカカシとブリキの木こりと臆病なライオンといっしょに旅する映画です。古い映画ですが、この話が教えてくれることが、ここで出番なんですよ。内容をかいつまむと、こんな感じでしたかね。カカシ、木こり、ライオンはそれぞれが自分に欠けたものを心から求めています。知恵（脳みそ）と愛する心（心臓）と勇気でしたっけ。それで偉大なるオズの魔法使いに会うために、ドロシーと共に危険な旅をするんです。ところが、欠けていたはずのものは、魔法の力を待つまでもなく、とっくに自分たちのものだったのです。このことが苦難な旅を乗り越えて証明されたのでした。こんな感じの話でしたよね。」

てんてん　「はい、そうだったと思います。」

――わたしはずっと前に見て以来なので、あんまり覚えていない。あれはそんな話だったか。

モリナガ　「それで、『オズの魔法使い』の最後の方でドロシーが言うセリフがポイントなんです。ドロシーはこんな風に言いました。「もしもまた心から見つけたいものを探しに出るとしたら、わたしはうちの裏庭よりも先に目を向けないわ。だって裏庭まで探して見つからないときは、そもそも本当は無くしてなんかいないんだから。」この映画を応用するとしたら、こんなことが言えそうです。「人はなぜ手近なところにすでにもっている幸せに目がいかないで、自分が持っていないし、持つ資格もない幸せを求めて遠くに行こうとするのだろう？　立ち止まってくれ！　あなたを、誰かの借り物ではないあなた自身の優しい眼でよくごらんよ。」

マイナス思考クィーンは、手近な幸せからてんてんさんの目をそらせて、手もとにない遠くの幸せに向けて必死になって歩ませようとします。際限のない無い物ねだりをさせようとするわけです。そこで、逆にマイナス思考クィーンの方に問いかけてほしいのです。あなたこそ間違えていないかしらね？と。」

てんてん「うーん、そういうものなのでしょうか。またあとでゆっくりと『オズの魔法使い』のことを考えてみます。」

――モリナガさんは、この日、てんてんさんの中にいるマイナス思考クィーンの存在を、ヘビースモーカーになぞらえた。そして「毒」抜きの方法を考えて、ドロシーの言ったセリフを思い出したようだ。それで昔の映画を解毒剤として処方してみている。この日は「お薬」を渡してお開きとなった。

6 天使さんの名前がほしい！

──それからさらに数日が経過した。状況はうまく運んでいないようだ。てんてんさんの中では、あいかわらずマイナス思考クィーンだけが生き生きしている。天使さんはまだ、かぼそい「声」だけの存在でしかないみたい。
この日もふたりは同じテーブルで、対話を再開した。

てんてん　『オズの魔法使い』のことを考えたのですが、なんというか……よくわからなかったんです。ドロシーの気持ちだけがわかりません。灰色のカンザスにどうしてあんなにこだわるんでしょうか。普通の生活が一番のシアワセということ？　あと、わたしには一緒に困難に立ち向かってくれる仲間がいない……などと思ってしまいました。」

モリナガ　「ああ、そうですか……。」

──今日もよく日が射している。テーブルにフルーツジュースをふたつ運んだ。

てんてん　「あ、どうもありがとう。

それと、「天使さんの声」はまだ聞こえません。もしかしたら天使さんにちゃんとした名前をつけてないから？と思うのです。名前をつけたらより身近になるでしょうか。」

モリナガ　「実は僕の方も、『オズの魔法使い』の話をしてから考え直したところがあります。てんてんさんが先日のたとえ話にピンとこなかったのは、考えればもっともなのです。お母さんの教えもあって、てんてんさんはプラスの自己イメージをもつことが強く妨げられてしまっているように思います。自分に優しくできて、自然でいられる自己イメージ、これを最初から持てなくされている人は、もともと無いところへ帰りようがない。この辺りのことはいま発達心理学の本も読んで考えています。」

――モリナガさんは独特の手振りを交えて語る。そして、今日は一段と両手が動く。

モリナガ　「『オズの魔法使い』の教訓なんて、最初から健康に育てられた自己を持てている人のためにあるもので、ネガティブな自己イメージにしばりつけられているてんてんさんには、まだまだ先のことなわけです。」

――ああ、なるほど。物語をつかった人生の教訓は、たいていおおざっぱな当てはめ方になりがちだ。とにかく一般論を言って聞かせることくらいなら、だれでもできそうなことだもの。わたしだって、そういうのは耳にタコができた。でも悩んでいる側からすると、教訓を聞くだけで話が済むんならもうとっくに悩んでないよってことになる。ほしいものは「お言葉」ではない。むしろ、その教訓が語っている答えに向けて導いてくれることだ。モリナガさんはこの事実を改めて認識したようだ。それで、どうやっててんてんさんをその結論へリードするの？

モリナガ　「いまは、少しアプローチを変えた方がいいと思っています。マイナス思考クィーンに語りかけるのはやめた方がいいようです。むしろ、てんてんさんが新たな自己イメージを作っていくしかないかもしれません。自分に優しくしてくれる天使さんにアクセスするというより、てんてんさんがみずから天使さんになってしまおうという発想です。」

――……みずからが天使さんになる？　なにそれ！

モリナガ　「地道ではありますが、たぶんいちばん力強い解決です。マイナス思考クィーンに対する逃げ場を心の中につくって、そこで天使さんの自己イメージを生み育てて行くのです。」

てんてん　「はい。」

モリナガ　「しかし、どんな風にこれをやりましょうか？　ひとまず、天使さんにいい名前が必要でしょう。考えてみてください。」

――モリナガさんは何を目指そうとしているのかな。

わたしの想像だけど、この人は解決への道筋をこんな風に見とおしたのかもしれない。まず、てんてんさんの「生まれ故郷」は、天使がいる国ではなくて、マイナス思考クィーンの支配する独裁国家だった。もうこれは覆せない。そして、そこは抜け出したくてたまらないようなひどい場所なのだ。だから、てんてんさんをドロシーになぞらえてみせるのは、マイナス思考クィーンの国で甘んじろと言うのと変わらない。それから、どうにかしてマイナス思考クィーンと向き合おうと言って、天使さんの声を聞くためのアクセス権を勝ち取るという方法もうまくいかない。それも結局は、これまでてんてんさんが葛藤してきたことの焼き直しなのだから。そこでモリナガさんは考えを改めた。いまは、マイナス思考クィーンの国の中にその支配の及ばない場所をつくり出して、これを拡大させるしかないと考えている。モリナガさんの言う「天使さんの自己イメージ」は、

マイナス思考クィーンの支配からの逃げ場であると同時に、てんてんさんを肯定してくれる声でもある。天使さんはまだ、影のような存在でしかない。だったら、これをまったく新しく造形して、そこへ血肉を与えていくしかない。

てんてん　「じゃあちょっと、これから帰って天使さんのことに集中してみます。名前も浮かんだらお知らせします。」

モリナガ　「はい、そうしてみましょう。」

――また数日が経って、てんてんさんからモリナガさんに連絡があった。

てんてん　「昨日、天使さんの名前がうかびました。「おん」です。「おんちゃん」。どうして「おん」かと言うと、わたしが自分に優しくできるイメージは「温める」なのです。そして、わたしが人にどうしてほしいのかというと、温めてほしいんです。身体も心も温まったときに安心できて開放されるような気がするんです。なので、「おんちゃん」かなあと。

自分も誰かを温める存在でありたいといつも思ってます。だけどいまのわたし自身は、冷血動物のようなんですよ……。とくに疲れたとき、焦ってるときの冷血ぶりがコワイくらいです。

名前がついたので、もっと先に進みやすくなるでしょうか。」

モリナガ　「いや、いい名前ですね‼　おんちゃん！　てんてんさんが人にしてもらってうれしいことを自分の中に宿すということなのですから、おんちゃんはてんてんさんに安心と心の開放をもたらす存在のはずです。」

——たしかにぴったりな名前ね。

モリナガ　「それで、おんちゃんはどんな様子をしているのでしょう？　イメージを知りたいです。人を温めたいというつねひごろの願いを、おんちゃんのイメージに反映させてもいいのですが、これも、無理にひねり出すのではなくて、湧き出てくるイメージを素直に受け止めてほしいところです。どんなにキテレツなキャラクターでも構わないですよ。あったかくて、しかも、おなかの底から笑いがこみあげてくるほど開放的なおんちゃん！」

7 「それは誰の気分?」

――また日が流れて、ふたりは同じテーブルで再会した。モリナガさんには、いまやよりはっきりとした見通しがあるみたいだ。自信に満ちた顔をしている。だけど、緊張している様子もある。彼はこの日ちょっと踏み込んで、てんてんさんのキャラクターと悩みの分析を披露するつもりだという。

モリナガ 「てんてんさんのいう「マイナス思考癖」というのをこれまで感覚的に理解してきました。でも、この癖は一般的にどういうものなんでしょう? そこがとても気になってきたので、考えてみました。考えたことの全部を言いませんが、いま必要なところまでお話ししたいと思います。」

てんてん 「それはぜひ聞きたいです。」

――モリナガさんは文字の詰まった紙を何枚か取り出した。そこに考えたことが書かれているようだ。

モリナガ　「ポイントを絞りまして、将来・過去・他人です。マイナス思考癖はそれぞれのポイントに対応した特徴をもっています。
特徴の一つ目は、何か将来の計画を立てようとするとき、実際に起こりそうなことよりも、客観的に見ればそれほどありそうもないひどい状況をリアルに想定してしまう傾向です。このせいで、周りからあきらめやすい人にみられがちです。」

――わたしはここでふたりにハーブティを運んだ。モリナガさんが「ありがとう」とつぶやいて、ひとくち入れた。てんてんさんはテーブルに両手をついたまま、聞く体勢を崩さない。

モリナガ　「二つ目ですが、起きたことを思い出す際に、どうしても不愉快な面からそれを評価してしまいます。ワイワイと楽しかった思い出を暗～く振り返られると、周りはビックリしますよね。また、起きたこと、やった行いについて、必要以上に自分を責めてしまいます。その結果、責めてしまい、まったく責任がない状況ですら自分を責めてしまいます。その結果、過剰な自己防衛に走ってしまったり、そもそも自己を弁護する必要のない場面ですら、自己を正当化したりしてしまいます。

――モリナガさんのいちいちの身振りが珍しい。見ていて飽きない。

モリナガ　「三つ目は、自分に対する他人の悪意や敵意、優越感を過剰に読み込んでしまいます。それで、何でそういう思考になるのかも想像してみました。その原因は、心の中でその他人に対する敵対心や猜疑心をあおる仮想の会話におちいってしまい、歯止めが利かなくなることです。「仮想の会話」というのは、その他人を心の中にイメージとして登場させて、自分のイメージと会話させることです。他人のイメージが自分のイメージに向けて「言ったこと」は、もちろん他人が現実に言ったことではないわけですよ。それでも、歯止めのきかない仮想の会話は、自分の中に元からある敵対心や猜疑心に根拠をあたえてしまい、現実の相手に向ける感情をかえって燃え立たせる結果を招くかもしれません。たとえて言えば、よく似ているので本人だと見誤ってしまったマネキンを相手にケンカするということになりがちなのです。本人からすれば、いわれのない敵意を向けられるということですね。」

――なんだか容赦ない。ちょっとハラハラしながら見ているけれど、ふたりとも楽しそうにしている。

モリナガ　「四つ目ですが、ものごとに白黒はっきりつけたがる傾向が生じそうです。怒りとか何かとかの感情を爆発させるまえに考えることがあるだろってことなのですが、とにかくダメなものはダメ、わたしの敵はとにかく敵ということです。感情を爆発させれば取り返しがつかないのに、もうそうなってしまうのです。おまけに、一つ目や三つ目の思考が進んでしまったあとで、低すぎた自己評価のありえなさが明らかになったり、他人についての事実誤認が暴露されたりしたとします。そういうとき、うまく現実に合わせて認識を修正できないのです。まあ、こらえ性がないというか、ある種、短絡的というか、一度下した悪い評価は、より複雑な現実を前にしてもなかなか覆らないのです。

　最後に、どんな癖とも同じことで、マイナス思考癖にも、軽度なものから過度なものまで程度の差があります。」

――ここでひと息入れた。

モリナガ　「どうでしょうか、てんてんさんにはかなり当てはまりそうだし、この癖が相当に深くしみついているのではないかと思っているのですが。いちおう、どれがあてはまりますか？」

てんてん　「どれもぴったり、わたしに当てはまります。」

――ふたりは顔を見合わせて、おもわず笑ってしまっている。まだ、ふたりの笑いが尾を引いている。モリナガさんはてんてんさんのことをちゃんと知れて満足なのだ。一方、てんてんさんも、自分のことをちゃんと知ってもらえて満足げだ。

モリナガ　「マイナス思考癖のある人は、自分を他人からずれたものとして認識し続けています。ふつうであれば、自己評価を高める思考と逆に低くする思考の適当なミックスでしょう。思考がマイナスに偏り過ぎれば、反対にプラスの方へと向けかえるように別の思考が身を起こしてくれます。逆に、思考がプラスに寄り過ぎれば、反対にマイナスの方へと向けかえるように別の思考が地に足をつけてくれます。こうして、とかく世界や他人についての正しい認識や、正確な自己評価からずれていきがちな心の内側を、適切なところに留めておくことができるのです。ところが、マイナス思考癖のある人は、偏りの修正が自分で効かない。そのせいで、世の中から見捨てられそうで、劣っていて、端っこに縮こまって生きているようなつまらない者こそが自分であると、ずっと誤って認識しつづけるのです。このような人は、悪い考えが自力では止められないため、最後には疲れきるまでひたすら落ち込んでいきます。ですから、自分のズレを修正する役割を他人にゆだねるほかなくなるのです。」

てんてん「どのお話もまさにわたしの性格というか、わたしがいつもおちいってる精神状況を言い当てています。」

モリナガ「そうですか、よかった。」

――モリナガさんは胸をなでおろした。

モリナガ「いや、でも、よくないことです。てんてんさんの精神状況を何かになぞらえるとしたら、健康を維持するために必要な栄養素の一部を自分で取り入れられない病の人かもしれませんね。その人は、注射や投薬などの人工的な方法でその栄養素を取り入れて、なんとか日々の健康を保っています。重度のマイナス思考癖は、心の健康を自分で維持できないのでとてもつらいのです。しかし、この癖を軽くするにはどうしたらいいんでしょう。きっと適当な目標は、さっきも言いましたけど、自己評価を高める思考と逆に低くする思考のほどよいミックスなのでしょう。自分をほめたり、逆に自分をけなしたりすることは、適度な範囲で、使いどころも正しければとても有益です。ですから、てんてんさんの場合はとくに、悪い考えが進んで歯止めがかからなくなるまえに、自分自身でこれにブレーキを掛けられるようになるのが理想です。しかし、てんてんさんのマイナス思考癖は、お母さんからの刷り込みが関わっていてどうにもやっかいです。」

――モリナガさんは言葉を慎重に選びながら、ゆっくりと話を進めていく。てんてんさんはじっと聞き入っている様子だ。しきりにペンを動かして、ノートに言葉をメモしている。

モリナガ「てんてんさんは、決して理解されない自分、決して受け入れてもらえない自分という自己イメージを抱え込んでいるように見えます。それで、そうした自己イメージの源泉には、ある種の欠乏がありそうです。無条件で承認し、愛してくれるお母さんの存在が幼少期の適切なタイミングに不在のままだった事実です。これが関係している可能性はおおいにあります。

そして、お母さんから理解されない、受け入れられないという思いは、他人への怒りというかたちで表現されるかもしれないし、繰り返される自責の念につながるかもしれないです。あるいは、自分がみじめだという気分とか、とにかくよくわからないけど不安だという気分をてんてんさんがずっとかかえており、その気分こそがマイナス思考癖を支えている可能性もあります。こうした気分がしつこくつきまという、ネガティブな感情やマイナス思考癖の直接の誘因となっている可能性があるということです。」

てんてん「そうかもしれないです。
それで、わたしはどうしたらいいのでしょうか？」

――ここでモリナガさんは深く頷いてみせた。

モリナガ「湧き上がってくるネガティブな感情や、マイナス思考が本当に自分自身に由来するものかどうかを、その都度、疑ってみることです。てんてんさんは、自分の人生ではなくてお母さんの人生を生きさせられてしまっていないでしょうか？」

てんてん「どういうことですか？」

モリナガ「てんてんさんのお母さんは、楽しい感情やくつろいだ気分を表に出すことを禁止しました。表に出していいのは愚痴や悪口などと相性のいい感情だけだというのです。言ってみれば、プラスの感情だけを差別するよう教えたのです。

しかし、これはお母さんがてんてんさんに押しつけた生き方です。そうやって生きてきた世の中の眺めは、お母さんのものであって、てんてんさんのものではないかもしれませんよ。幼い子どもは親を盲目的に信頼して、自分と同化させてしまうものかもしれません。だから、親が子どもに伝染させようとする感情や人生観を我がこととして受け取ってしまいそうです。しかし、もしもそれが原因となって、大人になってから生きづらさを感じているなら、「これはわたしの人生ではない！」と、そんな気分を親に向けて突き返してやっていいのです。」

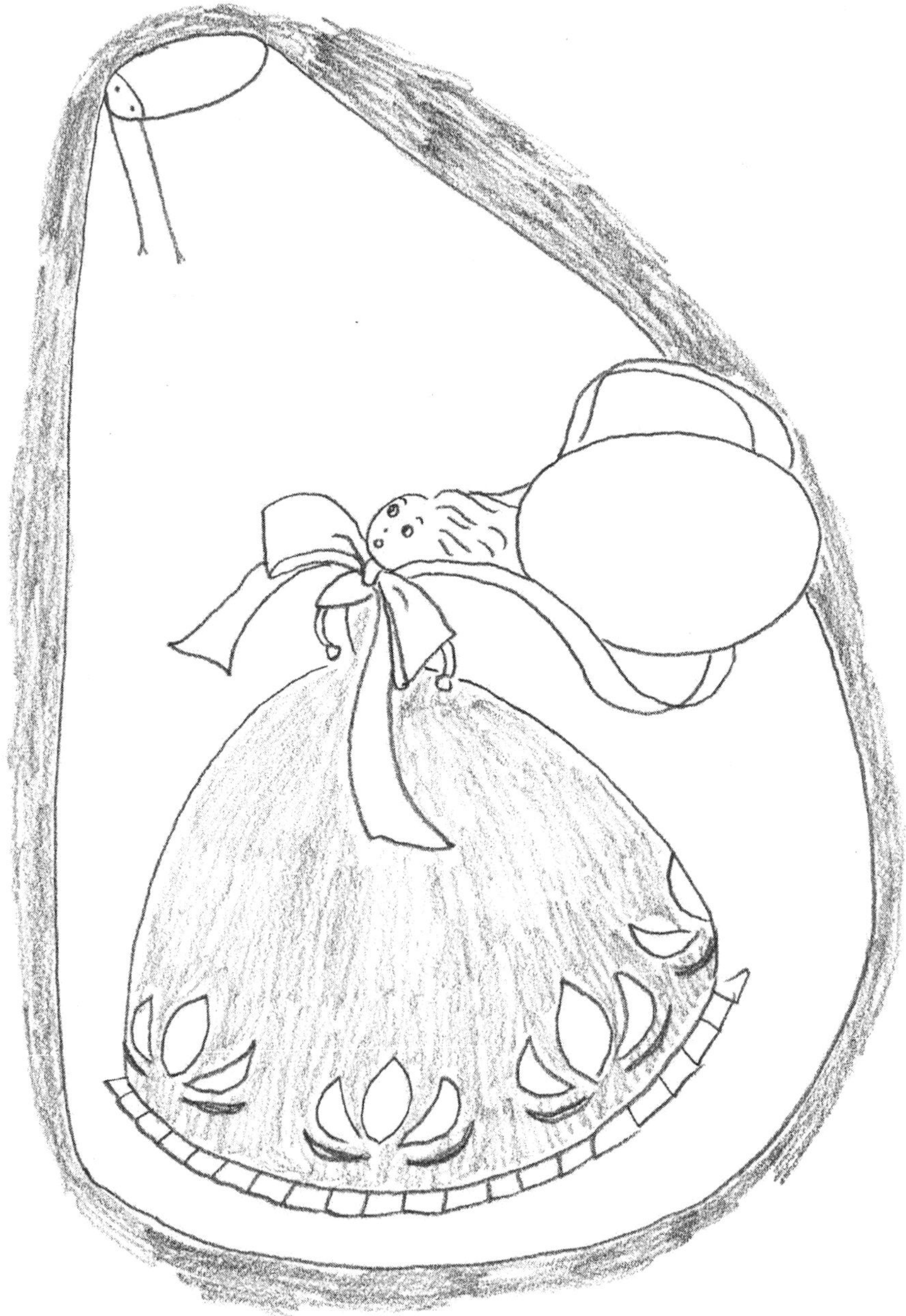

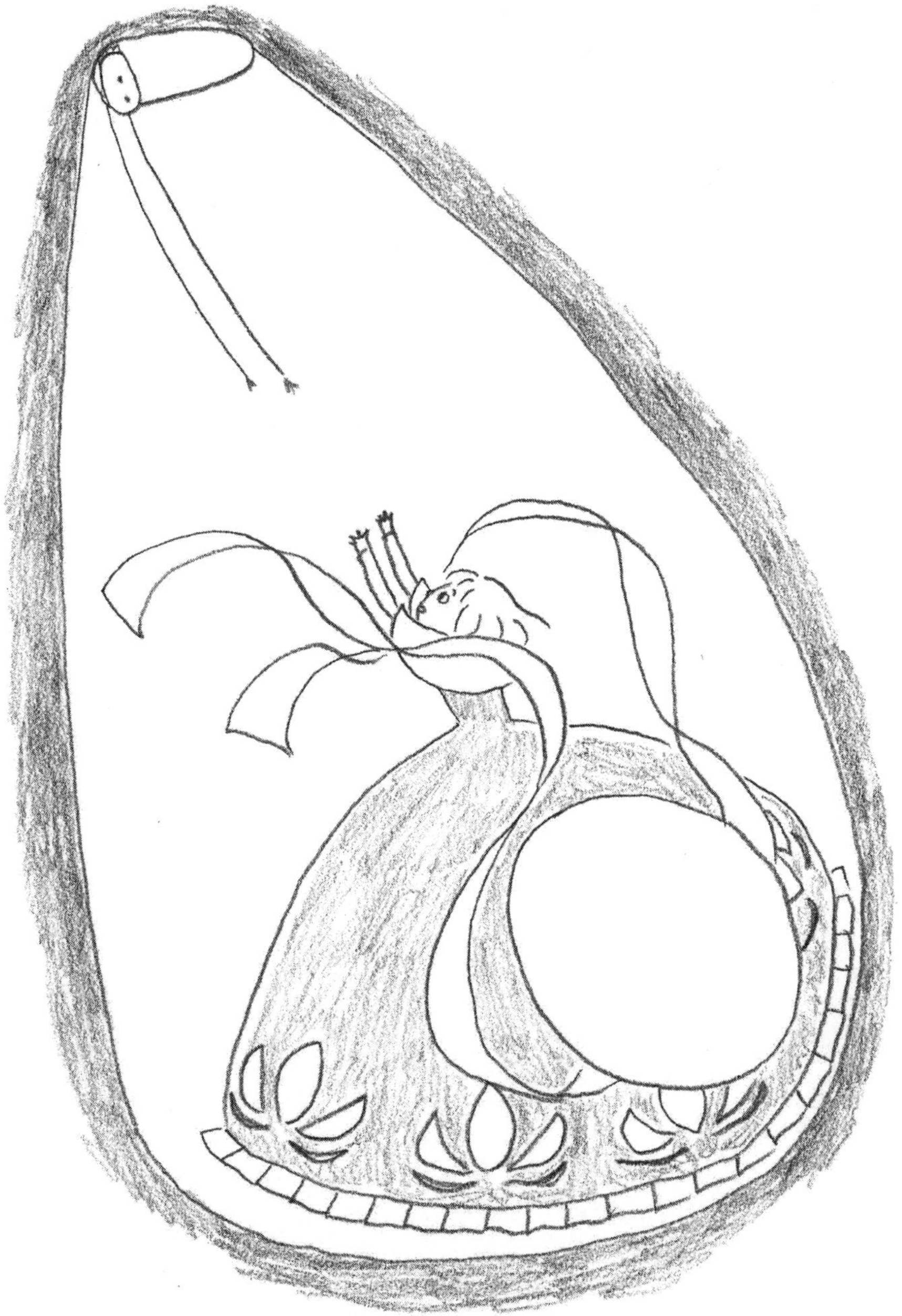

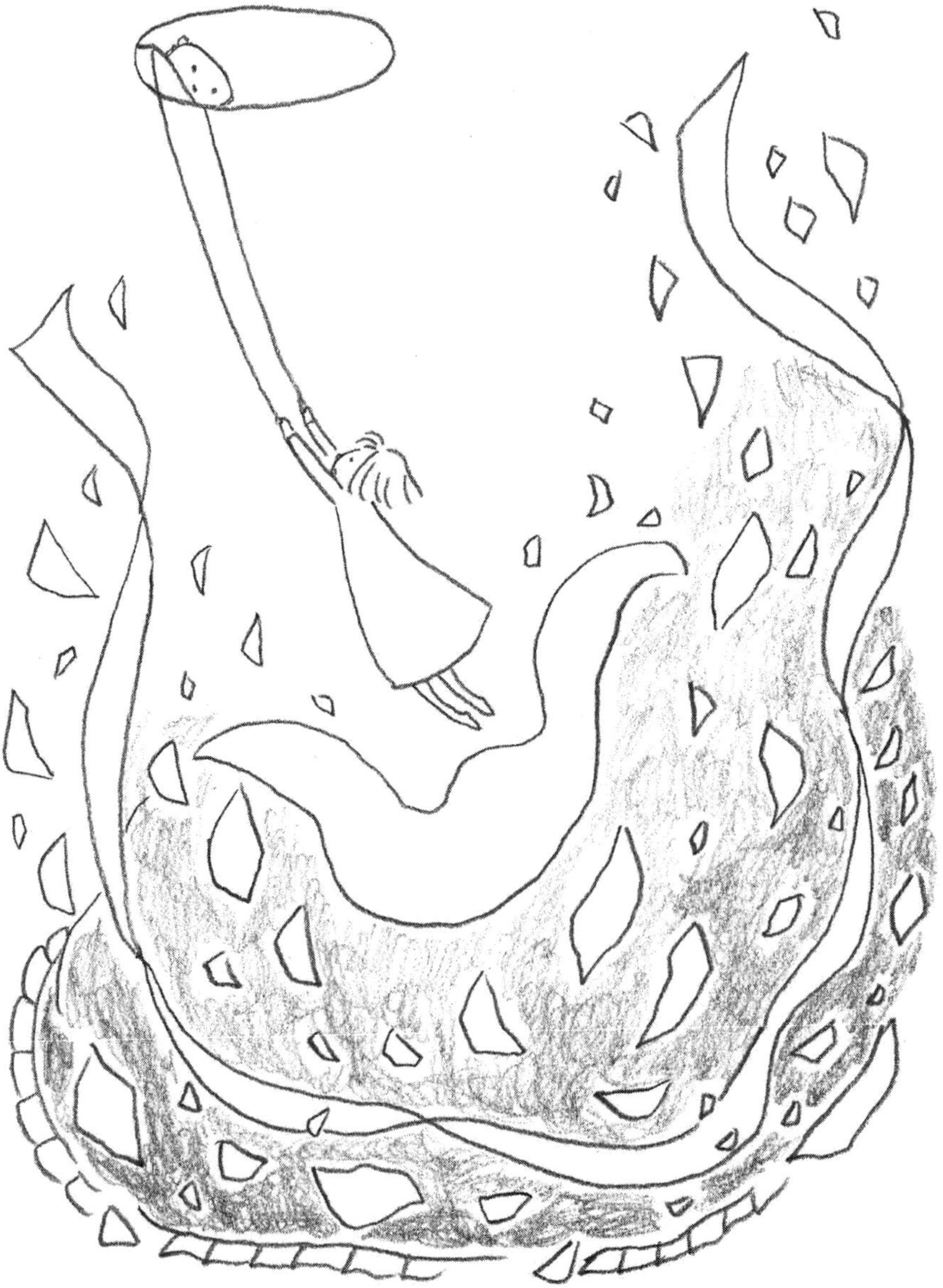

8 声がする方へ

――その翌々日。

てんてん　「本当にいろんなことに気づかせてもらって、わたしはとっても楽になりました。すごい浄化されてる感じです。でも、母親と決別しなきゃダメだというのは、「やっぱりそうかあ」ってショックというか、そりゃそうだよなというか、自分ではもう決別したと思ってたけど、ダメだったんだなあっていうことに気がついて複雑でした。」

モリナガ　「そう聞いて、いろいろと考えた甲斐がありました。お互いにとってなによりですね。でも一朝一夕じゃすまない話でしょうから、複雑だという気持ちもありますね。」

――いつものテーブルに日本茶を二杯運んだ。てんてんさんの表情がいつになく柔らかい。ふたりはくつろいだ様子で話し続ける。

てんてん　「で、わたしが思ったことをお伝えします。

わたしがどうしてすぐに怒ってしまうのか？　それはよく考えたら怒ると気持ちいいからじゃないかと思いました。くり返しになってしまうのですが、わたしは母親に喜び、楽しさ、うれしさなどの感情は表に出してはいけないと育てられました。表に出してよいのはうらみ、ねたみ、悲しみだと言われ続けたんです。

だから、わたしが素直に出してよい感情はマイナスの感情だけだったんです。それで、怒ると素直に感情が出せるので気持ちがよかったんだと思います。だからちょっとしたことで怒る。逆に怒らないと感情を出せなくてストレスがたまっていたのではないでしょうか。

でも、怒ることは人を傷つけたりもするので罪悪感が生まれます。それで自己嫌悪に陥るんです。怒ってしまう自分は悪い人間なんだと思う。だから自分はダメなんだと思う。そこで、怒らないようにしなくちゃと自分をいましめる。で、また抑圧されてストレスが溜まって怒ってしまう。という悪循環になってるんじゃないでしょうか。」

モリナガ　「なるほど。」

てんてん　「わたしが正当な怒りと正当じゃない怒りの区別がつかなくなるのは、怒ると歯止めがかからくなり、暴力的になるから、怒り自体に恐怖を感じているからではないでしょうか。正当じゃない怒りが湧いてきたときに、「これはわたしの感情じゃない」

と言い聞かせてみようと思います。そのときにおんちゃんが役に立つのかなと思いました。」

モリナガ「ああ！　よかったです。」

てんてん「そして、おんちゃんのイメージが湧きました。おんちゃんは「布団」でした。子どもの頃からわたしを温めてくれた存在は布団だったのを思い出しました。いまでも疲れたりつらくなると布団に入ります。わたしの逃げ場は睡眠なのかもしれません。やはり小さい頃から嫌なことがあると寝ていました。寝ることで忘れるようにしてました。自分の意識がある場所でわたしは逃げられなかったんだと思います。
　これから怒りが湧いてきたときに布団のおんちゃんをイメージしてみます。それか、実際におんちゃんを絵にして描いてみます。絵にしたほうが発散させられる気がします。」

モリナガ「どうしてすぐに怒ってしまうのかの真相に迫った、すばらしい自己分析です。怒りと生きづらさの悪循環の構造が、だいぶはっきりと見えてきましたね。またてんてんさんのあたらしい事実を知ることができたように思います。」

――モリナガさんは黙って考えはじめた。いいなあ、この眺め。わたし、この人をてんてんさんに会わせてよかった。

しばらく明るい窓の外に目をやっていたモリナガさんが、独り言をつぶやいた。

モリナガ　「とにかく目が覚めて起きている間の、この現実をよくしましょうってことですから。」

――こう言うと、てんてんさんの方を向き直った。

モリナガ　「差し当たり気になってくるのが、「感情を出さなければストレスが溜まってしまう」という点です。まったくその通りだと思いますが、では、てんてんさん、「ポジティブな感情も出してみましょう！」と、つぎはこういうことになりませんか？すでに、僕に対してポジティブな感情が出ています。そういう感情がてんてんさんの中に確かにあるのですから、どんどん「うれしい」、「楽しい」、「最高！」の気分を素直に出していったらいいじゃないですか。
　湧いてきてしまう怒りへの直接的な対応のほかに、ポジティブな感情を表に出すこともやっていったらいいと思います。だって、くり返しますが、そういう感情がてんてんさんの中に眠っているんですから！」

てんてん　「そうなりますね。プラスの感情を表に出すのが、これからのわたしの課題です。」

モリナガ　「そして、おんちゃんは布団でしたか！　可愛いキャラクターが生まれましたね。襲ってくるマイナス思考から逃げ込める暖かい場所、それはまさに布団です。意外なところから出てきましたが、完璧に本質をついたキャラクターです。このおんちゃんが、これから活躍するでしょう！」

てんてん　「プラスの感情を素直に出せるようになるためには、自分自身もプラスな考え方をした方がいいですね。それにはなるべく否定的な考え方をするのをやめようと思います。

わたしはずっと否定的な考え方しかしてこなかったから、すぐにそっちに向かってしまうんですけど、そっちに向かいそうになったら方向を変えたいです。それから、寝るときに「おんちゃんに今日の疲れを全部取ってもらえるからありがたいな」と思うようになりました。まだポジティブな感情を素直に表に出すことはできてませんが、少しずつ練習していきます。」

モリナガ　「おお。おんちゃんのところに帰れば疲れを取ってもらえると思えるようになったのですね！」

――マイナス思考クィーンが、すこしずつ退いていっている。

モリナガ「プラスの感情を出す練習をどんな風にやるとうまくいくのか、どうすれば気持ちよくて、楽しいのか。その基本は、プラスの感情が湧いてきたらすぐに反応することだと思いますよ。それを抑圧したり、どうすればうまく表現できるかを考えたりせずに、直ちに反応してかたちにする。そして、どんな結果でもいいので、とにかく必ずかたちにすることだと思います。

ただ念のために言いますが、目標にした方がいいのは、あくまでも感情のバランスがとれるようになることではないかと思います。つまり、目指すのは、マイナス思考をまるっきり排除することではないはずです。毒を吐くことだって、落ち込むことだってありますよ。ですが、それはほどほどに。プラスの感情も必要ですが、それもほどほどに、ということです。」

てんてん「そして、怒ることをやめるために母親がわたしに刷り込んだものの見方を外さなくてはならない、ですね。」

モリナガ「そうです。」

てんてん「それから、話は変わるのですが、昨日、街を歩いていたんです。そのとき有名なゆるキャラのポスターが目に入ってきました。「いいなあ、わたしもあんな風にどこかでは知られていて、有名になりたいな。自分の居場所を見つけたいな」と思ったんです。そしたらすぐに後ろからおんちゃんが言ったんです。」

おんちゃん　「自分の居場所は自分自身にあるんだよ。自分の中に自分の場所があればいいんだよ。」
てんてん　「えっ！　そうなの？　自分自身が自分の居場所なの？」

・・・・

てんてん　「わたし、思わずそうやって聞き返しちゃいました。慌てて忘れないようにノートにメモしました。
でも考えたら、自分自身が自分の場所だったら何にも揺さぶられなくてすむってことですよね。どこかに自分の場所を探してるから、いちいち振り回されてるってこと？　わたしはず〜〜っと自分の居場所を探していたんですけど、それは間違っていたということなのでしょうか。」
モリナガ　「マイナス思考クィーンが言うとはとても思えない声が聞き取れるようになっているじゃないですか。それはやはりおんちゃんの声ではないかなあ！　この対話の最初の頃には、「天使さんの声がどうしても聞き取れない」と言っていたのです。この間、大きな進展があって、マイナス思考クィーンの支配が弱まっていることの何よりの証拠です。そのまま少しずつマイナス思考から距離を取って、プラスの感情から自分を出せるようになっていきたいですね。そして、心の中に居心地よい場所がなかったこれまでの心境を、やがて覆せたら最高ですね！」

――こう言い終えて、モリナガさんはお茶の残りをグッと飲み干した。てんてんさんは「あっという間の時間でした」とつぶやいた。

おわり

あとがき

本書に収録されているのは、「怒りっぽいわたし、どうしたらいい？」というてんてんさんの悩みをめぐる対話劇と、細川貂々さんのイラスト集です。対話劇は、私とてんてんさんの現実の会話が下敷きになっています。使われた資料は今年1月から2月にかけててんてんさんと私のあいだでかわされたメールと、ふたりが直接に会っておこなわれた対話、そして、私が手元でつくった考察ノートです。収録の際には、それぞれの発した言葉をそれぞれの責任のもとで補正しましたが、全体的な対話の構成と加筆・編集は森永が担当しました。構成の最初の段階で、「おんちゃん」のできあがっていくまでの過程に軸が定まり、次いで、この軸に近い会話や考察だけをピックアップし、フィクションの状況に移しました。この結果、テーマと関連しはするものの、分量の関係で落とされることになった話題がいくつも生じました。てんてんさんの「怒りっぽいわたし、どうしたらいい？」が、じつに深くてひろい問題であることに気づかされたのです。残された話題も、他の機会に発表できたらいいなあと思っています。

以下で本書の各パートを解説します。まずイラストですが、挿絵として対話劇の間に挟まるように配置しました。一連の線画はテーマの話し合いをインスピレーションの源にして、てんてんさんが3月に描きあげたものです。対話劇のなかには、「自分を出す」という重要なサブテーマが現れます。そこで、このサブテーマにそって絵を描くことを私から提案させてもらいました。既存の「細川貂々」のイメージから逸れてもかまわないので、自己開示を主眼において絵を描いてもらったらすごくおもしろい。こういう確かな期待がありました。そこでてんてんさんには、「対話劇の細かい流れにしばられずに、いまある心境に目をむけて、自由に描いてください」とお願いしたのです。ところが、「自分を出した」絵を描くためにてんてんさんは古い心境をすてなければなりませんでした。とりわけ、「自分は自分自身にとっての敵である」という自己観の専制的支配をこわす必要があり、優しくて温かい自己イメージをいま新しくつくる必要がありました。こうして葛藤に苦しみつつ、敵対的、抑圧的な自己の側面と向かいあって、てんてんさんはいまこそ望む精神の自由をしかと捕えたのです。この結果は見事です。あがってきた絵は、的確に心境の変遷を描写したものとなっています。本書の制作過程をつうじて、てんてんさんが立ち入った心理描写の名人になりうる優れた眼をもっていることに気づかされました。他人を分析する際にも、自分自身を分析する際にも、こちらがハッとさせられることが幾度かありました。彼女の最良の部分が絵に表される形となって、本当にうれしいです。

つぎに対話劇の解説に移ります。本書はタイトルのとおりで、てんてんさんが哲学に出会います。もっとも、この本のどのあたりが哲学なのかと、いぶかしむ読者がいてもおかしくありません。劇中に哲学の問題として知られるトピックへの言及はまったくないですし、高名な哲学者のとなえた命題や議論も出てきません。抽象的な考察にどっぷりと浸るシーンすらもないわけです。

事実、てんてんさんといっしょになって問題と格闘しているさなか、そういうことはすべて要りませんでした。彼女の怒りの根っこには、持続的な無力感や不安といった気分の問題があるようなのです。そこで、悩みの解決のためにまず必要なことは、彼女の人生をおおっているそうした気分が鎮められることだと私は予想しました。かくして、たびたび怒りを噴出させるそんな「マグマ溜り」を、その成分から原因までうまく特定しようとするとき、「自己って何?」とか、「感情表現って何?」とかいった、いかにも哲学らしい抽象的な問いかけとは別のアプローチが必要とされたのです。じゃあ、てんてんさんはぜんぜん哲学に出会えていないじゃないか? いやいや、そんなことはないのです。

私の分身であるモリナガさんがてんてんさんに対して引き受けた役割は、てんてんさんの思考を刺激し、滞ってかたまったこだわりの部分を指摘することでした。そして、自分の心のうちへと向きがちなてんてんさんの苦悩する内面を、明るい外へと開放する手助けをすることでした。てんてんさんはこの対話を通じて、自分の母親が教えたものの見方に、はじめてはっきりと疑いを表明したのです。

あたり前であることにひとは時として違和感を覚えることがあります。その違和感をキャッチして、正確な言葉にしてみます。あたり前を上手に疑ってみます。ある面では、ここに哲学の哲学らしさがあるのです。この対話を通じててんてんさんは、なによりも「おんちゃん」の声をつかむことができました。そして同時に、たしかに哲学の姿もかいま見たのです。

本書を手にとったひとりでも多くの人が、てんてんさんとモリナガさんの対話から発散される熱量を感じとってくれることを願って止みません。そして、てんてんさんと似たような問題をかかえている人から心の重荷がとり除かれる、ちょっとしたきっかけになるとうれしいです。

最後に、この企画を出版という形で世に出すチャンスをくれた中野商店の中野好雄さんに感謝します。そして、本書のようなシリアスかつ楽しい企画をたてて実行した私の妻、森永佳奈絵さんに心から感謝します。本書はこの奇妙で深い喜びにみちた生活という頂きもののおすそわけです。

平成28年4月6日
森永　豊

森永　豊（もりなが　ゆたか）

1979年生まれ。2016年、東京大学博士後期課程を単位取得退学。現在、國學院大学文学部講師（非常勤）。専門は言語哲学。研究テーマは一人称代名詞の意味論と語用論、および「自己」概念の分析。2015年より、都内のギャラリースペースで哲学カフェ「のび哲」を開始。ほぼ隔月のペースで開催中。

細川　貂々（ほそかわ　てんてん）

1969年生まれ。1996年漫画家デビュー、2006年に夫のうつ病体験を描いたコミックエッセイ『ツレがうつになりまして。』がベストセラーになる。その後テレビドラマ化、映画化される。現在は漫画、イラスト、絵本、文章など幅広く活躍している。

てんてん哲学に出会う
怒りっぽいわたし、どうしたらいい？

2016年5月12日　第一刷発行

著者　森永　豊
絵　細川貂々

企画・編集　森永佳奈絵
デザイン・DTP　中野商店

発行者　中野好雄
発行所　有限会社中野商店
〒167-0051
東京都杉並区荻窪2-33-7
ブラン荻窪1階
03-3220-3031

印刷・製本　中央精版印刷株式会社

ISBN 978-4-9905272-6-6